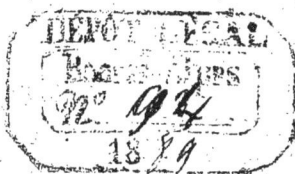

GUIDE PRATIQUE

TRANSFERT DE TITRES DE RENTE

APPARTENANT

Aux Femmes Divorcées

Loi du 27 Juillet 1884

Par Mᵉ BÉRENGUIER

NOTAIRE

PEYRUIS (Basses-Alpes)

DIGNE

IMPRIMERIE, LIBRAIRIE, PAPETERIE, RELIURE

F. GIRAUD

GUIDE PRATIQUE

TRANSFERT DE TITRES DE RENTE

APPARTENANT

Aux Femmes Divorcées

Loi du 27 Juillet 1884

Par Me BÉRENGUIER

NOTAIRE

PEYRUIS (Basses-Alpes)

DIGNE

IMPRIMERIE, LIBRAIRIE, PAPETERIE, RELIURE

F. GIRAUD

Monsieur et honoré Confrère,

J'ai écrit ces quelques lignes dans le but de faciliter la préparation des dossiers et la rédaction des certificats de propriété, concernant le transfert des titres de rente appartenant aux femmes divorcées, loi du 27 Juillet 1884.

Je crois que les renseignements que vous y trouverez seront de quelque utilité, étant de nature à simplifier, voire même, à éviter toute démarche auprès du bureau des transferts et mutations et la chambre syndicale des agents de change de Paris.

Vous n'ignorez pas que les exigences en la matière, exposent presque toujours l'officier ministériel à voir son dossier lui faire retour plusieurs fois, étant donné que la loi dont s'agit, est d'une application récente.

Bien que ces notes, à la suite desquelles se trouve un modèle de certificat aient été réunies pour être appliquées au transfert des titres de rente, elles peuvent également vous faciliter la formation des dossiers relatifs à d'autres titres, appartenant aux femmes divorcées.

Persuadé que ces renseignements seront bien accueillis,

Je me permets de vous adresser cet exemplaire.

Recevez, monsieur et cher collègue, l'assurance de mes meilleurs sentiments de confraternité.

BERENGUIER

TRANSFERT DE TITRES DE RENTE

Article Premier

Les parties doivent produire, conformément à la loi du 28 floréal an VII un certificat de propriété, dans lequel le notaire visera une copie à lui déposée de l'acte du divorce et la minute de l'acte de liquidation des reprises attribuant les titres à transférer à titre de biens propres, à la femme divorcée.

Article Deuxième

Ce certificat sera délivré par le notaire détenteur de la minute de l'acte de liquidation. — Il rapportera en tête de ce certificat le libellé complet du titre.

Article Troisième

Il sera indiqué dans ce certificat les dates, tant de la signification du jugement prononçant le divorce que des certificats de non opposition, ni d'appel (s'il n'y a pas eu appel).

Cette indication est nécessaire pour démontrer que la dissolution du mariage de la titulaire a bien été prononcée dans le délai de deux mois après que ledit jugement est devenu définitif.

Article Quatrième

Il y aura lieu d'envoyer en communication le contrat du mariage, pour permettre à la chambre syndicale d'apprécier si ce contrat ne contient pas une clause de droit de retour ou autre, pouvant frapper la rente d'une indisponibilité quelconque même après la dissolution du mariage.

Article Cinquième

Il y aura lieu également d'indiquer dans le certificat de propriété si la signification faite au mari l'a été parlant à sa personne ou, au cas contraire, la date du dernier acte de publicité pour permettre d'apprécier si la transcription a bien été faite dans le délai légal, conformément à l'article 1er de la loi du 18 avril 1886.

Article Sixième

En ce qui concerne la Chambre syndicale, il

sera nécessaire de démontrer que la transcription du jugement de divorce a bien été faite dans le délai de deux mois, après que ledit jugement est devenu définitif.

Article Septième

Cette justification pourra être faite par la communication des copies des certificats de signification et de non opposition ni appel, ainsi que du dernier acte de publicité, si la signification n'a pas été faite au mari parlant à sa personne.

Article Huitième

Il sera perçu, indépendamment du droit fixe de l'acte de dépôt, un droit de 187 fr. 50 centimes, décimes compris sur l'expédition de l'acte de divorce délivrée par le maire et déposée pour minute.

Ce droit sera perçu soit avant, soit au moment de la présentation de l'acte de dépôt à la formalité de l'enregistrement.

Article Neuvième

Ce droit est perçu lorsqu'il y a eu appel, sur

l'arrêt de l'appel s'il est définitif (art. 49, n° 2 de la loi du 28 avril 1816) et s'il n'y a pas eu d'appel sur l'acte de l'officier de l'état civil.

Cette perception est établie suivant l'article 7 de la loi du 22 frimaire an VII, sur l'expédition de l'acte de divorce.

Article Dixième

Ce droit n'est perçu que sur la première expédition délivrée aux intéressés.

En conséquence, l'officier de l'état civil doit, sous peine de demeurer responsable des droits qui pourraient être perçus par la suite, indiquer en marge de la minute de l'acte de l'état civil, la formalité de l'enregistrement donnée à la première expédition.

Cette même indication doit être faite dans les expéditions ultérieures; à défaut de cette mention, l'enregistrement est autorisé à percevoir un nouveau droit de 187 fr. 50 centimes sur toute expédition dépourvue de la mention de la formalité d'enregistrement.

DOSSIER

Il se compose :

1° Du titre à transférer ;

2° D'une procuration ;

3° Du certificat de propriété.

Ces pièces seront retenues à l'appui de l'opération de transfert ; et, en outre, il sera joint au dossier et en communication les pièces ci-après :

1° L'expédition du contrat de mariage ;

2° Une copie du certificat de l'avoué, constatant que le jugement a été signifié à qui de droit ;

3° Une copie du certificat délivré par le greffier du tribunal de première instance, constatant qu'il n'existe aucune mention d'opposition ni d'appel ;

4° Une copie du certificat délivré par le secrétaire de la Chambre des avoués, constatant qu'un extrait du jugement a été affiché dans le tableau à ce destiné ;

5° Une copie du certificat délivré par le secrétaire de la Chambre des notaires, constatant qu'un extrait du jugement a été exposé au tableau à ce destiné ;

6° Une copie du certificat délivré par le greffier du tribunal de commerce, constatant que les formalités de dépôt et d'affichage d'un extrait du jugement ont eu lieu ;

7° Une copie du certificat délivré par le greffier du tribunal civil, constatant qu'un extrait analytique du jugement a été affiché au tableau de l'auditoire du tribunal, pour y demeurer le temps voulu par la loi ;

8° Une copie du dernier acte de publicité, si la signification n'a pas été faite au mari, parlant à sa personne (1).

Ces pièces, envoyées simplement en communication, feront retour aux intéressés.

Néanmoins, il est préférable de joindre au dossier une note faisant connaître que les parties

(1). — Ce dernier acte consiste en l'exploit de signification par copie entière, faite au maire et contenant sommation d'avoir à transcrire en marge de l'acte de mariage, conformément à l'article 49 du Code civil, le dispositif du jugement.

désirent, dès l'accomplissement des formalités, rentrer en possession des pièces communiquées.

~~~~~~~

Formule du certificat de propriété

BREVET

CERTIFICAT DE PROPRIÉTÉ, LOI DU 28 FLORÉAL, AN VII

(Rapporter le libellé complet du titre).

Nous soussigné, ... *notaire à* ...., *attendu le divorce prononcé le* ....*par le tribunal civil de* ....*(ou par la Cour d'appel de* ....*entre Mme* ...., *titulaire du titre de l'inscription de rente susrelaté et M.* ....

Vu :

1° L'extrait d'inscription dont s'agit ;

2° La grosse en notre possession comme étant annexée à la minute de la liquidation des reprises

ci-après visées, d'un jugement rendu par le tribunal civil de................et prononçant la séparation
de biens entre les époux...

3° La minute d'un acte reçu par nous le................
.................contenant liquidation des reprises à la suite de la séparation de biens susénoncée, et duquel il
résulte que la dame..............................a effectué
la reprise en nature comme lui appartenant en
propre d'une inscription de rente (désigner le
montant). La rédaction des articles 2 et 3 ci-des-
sus sera modifiée suivant qu'il y aura eu séparation de biens par suite du divorce ou par suite
de séparation de corps, ou de biens seulement
avant le jugement de divorce.

Si une partie du titre a déjà été aliénée pendant
le mariage on ajoute *dont le titre relaté en tête du
présent forme le solde.*

4° L'expédition déposée au rang de nos minu-
tes par acte de................d'un extrait des
registres de l'acte de l'état civil de la commune
de................contenant l'acte de mariage de
M................avec Mlle................, dressé
le................et à la suite la mention

d'un jugement rendu par le tribunal civil de............

............, le............................., qui a prononcé le divorce entre les époux..................prénommés, sur laquelle est la mention suivante (copier l'enregistrement). S'il a été déjà délivré une première expédition, on rédige la clause ainsi qu'il suit : *à la suite encore est la mention de la première expédition délivrée par l'officier de l'état civil de ladite commune de..................................et sur laquelle les droits ont été perçus au bureau de l'enregistrement de.............................., le.............................*

5° L'exploit en date du..........................de Me..................., huissier près le tribunal civil de..................., contenant signification par copie entière à M. le Maire de..................

1° Du jugement de défaut (ou contradictoire) rendu par le tribunal civil de..................., le.........

..................., prononçant le divorce entre lesdits époux...................;

2° D'un exploit de..................., huissier à ...., du..................., enregistré, contenant signification du jugement précité audit Me..................

3° Du certificat enregistré, dressé par M^e_____
_____avoué, constatant la signification dudit juge-
ment au sieur_____

4° Et du certificat enregistré, dressé par le greffier du tribunal civil de_____, le_____
_____, constatant que ledit jugement n'a été
frappé ni d'opposition ni d'appel; ledit exploit
de_____, contenant en outre sommation
audit officier de l'état civil de la commune
de_____, de transcrire sur les registres de
ladite commune et en marge de l'acte de mariage
des époux_____, le dispositif du jugement de divorce, conformément à l'article 49
du jugement du Code civil. (Indiquer la date
de la transcription en marge de l'acte de mariage).

Certifions que la rente de_____(en
indiquer le montant), rapportée en tête du présent, avec tous arrérages échus et à échoir, appar-
tient en propre et en toute propriété à ladite
dame_____, femme divorcée, qui a
seule le droit d'en disposer à son gré.

En foi de quoi nous avons délivré le présent
certificat. ....

A.........................., le...................188 .

NOTA. — *Cette formule, rédigée pour être appliquée
à un jugement de défaut, pourra être appropriée à tous
jugements et arrêts, en ayant soin d'y faire tous les chan-
gements que comportera la situation.*

Digne. — Impr. F. Giraud, 18, boulevard Gassendi.

www.ingramcontent.com/pod-product-compliance
Lightning Source LLC
Chambersburg PA
CBHW050449210326
41520CB00019B/6134